AF219013

„Die Rose und Gedanken"

Amor und Psyche

Das Schöne

Wenn der Tag manchmal versinkt in Dunkelheit,
und du glaubst zu leiden an tiefer Einsamkeit;
dann nimmt der Dichter verstehend, leise deine
Hand,
und führt dich in ein schönes, hoffnungsvolles
Land!

Reinhard Blohm – Brettin 2006

Die Rose

Ich bin die Rose, schmerzvoll mein Stich,
betörend mein Atem – doch auch dornig.
Hab' keine Angst – ich bin nicht zornig,
denn mit all meinen Trieben liebe ich dich!

Reinhard Blohm – Brettin   2004

„Zwei Schwäne"
(Das Lied von Amor und Psyche)

Sieh' dort auf dem Wasser, zwei Schwäne, weiß
und wunderbar;
Stolz und majestätisch, ich glaub' ein
verwunschenes Liebespaar.

Hoch oben toben Wolken, dunkel, schwarz ist der
Olymp.
Zeus der Göttervater, oh' wie zornig, sehr ist er
verstimmt.

Amor, geliebt von schmiegsam Psyche, beide
sind entflohen,
Hinab zur Erde, trotz des Zeuses Willen, Macht,
und Lohn.

Zahllos schwirren ihre Pfeile, Liebe, rote Blüten:
getroffen ist ein Herz,
Schnell werden beide müde, halten ein: gar oft
war es nur Stein!

Erst kurz der Mensch auf Erden weilt, gespalten
noch das Herz,
will lieben, stürmen, Fesseln lösen, doch auch
eitel, Lust am Bösen.

„Komm" flüstert Psyche, „dort am Wasser lass
uns ruh' n,
Eigenmächtig unser Handeln, doch nie bereue ich
mein Tun!"

„Ja", so Amor, „versperrt der Olymp uns nun,
auch ein Menschenleben;
Lass uns annehmen, der Schwäne schön Gestalt:
Sinnbild unseres Strebens".

Wenn manchmal sanft Frau Nacht, den hellen,
vollen Mond kreiert,
Und suchend Hände halten wach, dann haben
Beide euch berührt!

Reinhard Blohm – Brettin   2002

Die Linde und der Apfelbaum

Am Wegrand steh' ich die Linde, vom Gold der
Sonne eingehüllt.
Meine Blätter wiegend flüstern, doch dann
lauschen sie dem Wind.

„Lieb mich!" süße Worte – lächelnd reicht diese
mir ein Windes Hauch.
Ein Apfelbaum in weißer Blüte rief es leise, es
war nicht üblich Brauch.

Wie verzaubert war ich Linde, Hoffnung braucht
nur etwas Zeit;
Herzförmig deine Blätter, du Inbegriff der ewigen
Weiblichkeit.

Doch du stehst in dem Nachbar Garten, von
Mauern wir getrennt;
Lass unsere Wurzeln sich vereinen, vertrau' mir,
die Sehnsucht brennt.

So verging viele Tage, die Mauer von den
Wurzeln längst gesprengt.
Rote Äpfel rings um meinen Stamm: „Hab
Dank!" für dein Geschenk.

„Ein Bild von Beiden will ich malen" singt Marie
im Abendschein.
Doch eure Eintracht will ich nicht stören, kein
Bild kann schöner sein!

Reinhard Blohm – Brettin 2004

Alberich, König der Elfen

Einst ritt ein Edler hoch zu Rosse-
im Taunus, durchs schwarze Gebirge.
Gemahlin, Knappen, gehörten zum Trosse;
viel Goldes Last, dem Pferd schwere Bürde.

„Mein Gefährte aus den Niederlanden
liegt erschlagen an fernen Ort.
Der Degen Siegfried – so genannt beim Namen,
sein erstrittener Schatz trag ich nun fort.

Statt dem Sohne, den Nibelungenschatz
dem Vater ich nun bringe: ich tu es nicht gern.
Durch böse List wurde er bezwungen-
Weh' dem Boten, ich, Dietrich von Bern!"

Der Edle sprach's mit leiser Stimme,
verloren den Blick auf dem Wege Rand;
täuschte Trauer etwa seine Sinne -
ein grimmiger Zwerg, im Wege vor ihm stand.

„Edler, halt-, ich bin der Herr der Elfen,
die einzigen Blumen hier an diesem Ort.
Tribut der Wege du musst begleichen,
oder ihr verlasset niemals diesen Ort."

„Schweig, töricht dein Verlangen -
aus dem Weg du hässlich Zwerg",
Dietrich rief es in Wut und Grimme:
„erschlagen soll dich sonst mein Schwert!"

„Vielfach Kraft mein Gürtel mir verleiht",
Zwerg Alberich gebärdet sich wie toll.
Gewaltig pressen seine Arme Dietrichs Leib,
Blut dem Edlen, aus Mund und Rüstung quoll.

Die edle Jungfrau auf dem Rosse -
mein Zoll, du wirst sie mir jetzt geben;
weiterziehen kann dann deine Trosse -
und ich schenke dir das Leben!"

Nur zögernd betret' ich heut diesen Ort.
Die Höhle von hohem Fels verschlossen,
dunkel der Tann und mir wird bang.
Die Lichtung: vom Monde Silber übergossen,
da höre ich, betörend, der Elfen Gesang.

Sie tanzen, schwebt, ein bunter Reigen.
Ich bin trunken, die Füße bleiern schwer.
Harfenklänge zittern in den Zweigen – Ach'
die Wiese, ist wieder kalt und leer!

Und tief im Berge den Hort bewachend,
hockt einsam der König Alberich.
Hört nicht mehr der Elfen klingend Lachen,
Ach' wie traurig du kleiner Wüterich.

Auf Straßen und Plätzen, im bunten Kleide,
Alberichs Elfen – du kannst sie sehen.
Anmut ist ihr verführerisches Geschmeide,
lächel' zurück und lass es gescheh'n!

Reinhard Blohm – Brettin 2004

"Bunte Scheiben"

Ein Weihnachtsgedicht

Ein alter Mann geht durch die Straßen, das
Gesicht so nass vom schmelzend Schnee.
Sein Blick dringt durch die bunten Scheiben, ach'
wie schamhaft, zögernd,
steht dort das blutjunge Paar, "Großeltern sollt ihr
im Bälde werden,
Vater, Mutter, eure Hände, wir es erbitten, reicht
sie uns nun dar!

Und alle Lieben und Verwandten sitzen dicht im
Kerzenschein;
Das Verstehen, oh' göttlich Gabe, zieht in ihren
Herzen ein.

Er sieht die Mutter dort am Herde, vom
lockenden Bratenduft umhüllt.

Am Rock gedrängt von ihren Kindern Kleinen, so
steht sie im Abendlicht;
Ach wie oft war nur der Kummer, der Sorge
Schweiß in ihrer Börse,
doch die lachend, samtig dunklen Kinderaugen
gibt neue Zuversicht!

Und alle Lieben und Verwandten sitzen dicht im
Kerzenschein;
Kinderaugen fragen: Kommt es nun - das
Christkindlein?

Der alte Mann blickt durch die weiten Straßen,
unzählig Lichter
dort im Häusermeer. Lichter sie erzählen von
dem Menschen
Freud und Leid; von ihrer Liebe, vom steten
Kampf berichten -
und auch von so vielen Seelen trostlos, tiefer
Einsamkeit!

Und alle Lieben und Verwandten sitzen dicht im
Kerzenschein;
Stiller Friede, ein Strom der Liebe zieht in ihren
Herzen ein.

Er hält jetzt mit müden Füßen, vor ein schmuckes
Haus mit großem Tor.
Es steht dort ein neuer Glänzend Wagen,
kraftvoll, schick im Dekor;

Und so viel Stolz und Freude liegen auf des
jungen Paares Angesicht;
Er jetzt verstehend lächelt, erfüllte Wünsche -
warum denn auch nicht!

Und alle Lieben und Verwandten sitzen dicht
im Kerzenschein;
Hoffnung, und Aller Freude zieht in ihren Herzen
ein.

Der alte Mann geht durch die Straßen, wie schwer
von fallend` Sternen
ist jetzt sein langer roter Rock. "Dort am Haus
will ich verweilen,

mich erfreuen an der Türe Kranzeschmuck". Wie
laut sie sich öffnet:
"Wie närrisch", seine Frau so scheltend, "bist du
endlich nun zurück!"

Und alle Lieben und Verwandten sitzen dicht im
Kerzenschein;
"Heilig Nacht" ihr alle höret - die Glocken läuten
sie jetzt ein!

Reinhard Blohm – Brettin   2005

Das Versprechen

Entlang dem Gehsteig, auf dem blau und rotem
Rade,
fährt lächelnd, plaudernd ein junges Paar;
schwarzgelockt des Burschen lange Haare,
golden schimmernd, des Mädchens wehend'
Haar.

"Liebste, schau dort am Ufer, ein Schwanenpaar
- einander auf ewig treu", der Bursche lachte.
Sah' nicht des Mädels traurig, steinern Angesicht;
an vergangenen Schmerz, er wohl jetzt dachte!

"Lass es uns versuchen, glauben an der Liebe
Wort",
und sanft strich ihr Blick über sein Gesicht.
"Nehmen wir erst die guten, süßen Trauben
die gar so Bitteren, brauchen noch viel Licht."

Und ich seh' wie ihre Hände sich vereinen,
Haut an Haut, im ewig während Fingerspiel;
stilles drücken, zartes streicheln - der Seele
ihr Versprechen - jedes Wort ist da zu viel!

Nur im hohen Grase, eine kleine giftige Natter
schwatzhaft zischelnd, sie kommt nicht zur Ruh',
doch Venus, die unbezwingbare Liebesgöttin,
hält der bösen Kleinen fest die beiden Augen zu!

Reinhard Blohm – Brettin   2005

Der Flaschenteufel

Lily und Rene, beide schon in mittleren Jahren,
Träumen und suchen nach Momente des Glücks.
Ein Träumer, sie Mutter: ihr Mann hat sich
verdrückt:
Prost! Hoch die Flasche, wie froh wir einst doch
waren!

'Vergessen'! Ein Trugbild, nicht lang von Dauer -
Oh' Lily, wie stumpf sind deine Haare, speiest du
etwa Blut?
Mir zittern so die Arme, bin ängstlich, ohne
Lebensmut.
Der Wahn, Krallen gleich dem Tiger, liegt auf der
Lauer.

Hoch den Kopf! Zuviel Leid und Schmerz er
musste tragen.

Sieh' doch, viele Hände begleiten uns ein Weges
Stück;
wir werden wieder lachen, wie an unseren jungen
Tagen!

Rene schreibt Gedichte - Lily singt vom Glück
und Mut.
Jeden Tag immer aufs Neue, ob Sonne oder
Schauer-
Flaschenteufel, gekappt deine Hörner, und so ist
es gut!

Reinhard Blohm – Brettin   2003

Die Bescherung

Der Tag ist noch dunkel, die Straßen glänzend
nass.
Erwartend, im Lampengefunkel, die Menschen in
Eile und Hast.

Das Kaufhaus: schlingender Rachen, herrlich'
Güter schwer;
Volle Körbe – neue Kleider, doch das Herz ist
leer!

Ich sinke schwer in den Sessel, die Kugeln
funkeln am Baum.
Plötzlich ein warmer Hauch im Nacken: ist es nur
ein Traum?

Dein Kuss spricht vom Heute und Morgen, leise
perlt der Wein.
Fort die unnütz frühen Sorgen, war ich je allein!

Sterne fallen dicht vom Himmel, leicht vom
Lichtergold benetzt.
Fern eines Kinderlachens, kündet vom
Weihnachtsfest!

Reinhard Blohm – Brettin   1999

R.B.
Jugendzeit

Die drei Grazien
[Das Lied von Aglaia, Euphrosyne und Thalia]

Einst lief am Morgen ein ängstlich' Jüngling
durch grünende Fluren und Wälder,
er folgend ein fernes leises Rufen,
es so schwebt über Berge und ferne Täler.

Und er sah auf einer bunten Frühlingswiese,
Ihr leises Lied, oh wie brannten des Jünglings
Wangen,
der Grazien Legende, ihm freudig schreckend
wurde klar.

So komm du Jüngling in unseren Reigen,
lass uns nicht warten, wir nehmen dich gern auf,
Frohsinn, Liebreiz und Anmut sind unsere
Namen,
der Menschen Sehnsucht- es nimmt hier seinen
Lauf!

Und die seltsam schwebend, schönen Wesen
durchströmen des Jünglings Körper und Geist;
doch wie ein trockner Brunnen sie wollen nicht
leben,
sie fordern des Jünglings weite, junge
Zärtlichkeit.

Ach, fest und tief schläft noch der Jüngling,
der Vögel fröhlich Lied klingt vom nahen Tann;

noch weit ist der Weg zu deinen wartend Lieben,
doch kommst jetzt als Mann…, ja, als Mann.

Reinhard Blohm – Brettin   2007

Die Eiskönigin

Ganz dünn auf den Ästen liegt so zerbrechlich
eine Eisesschicht,
Gräser, dunkle Bäume, gläsern filigran, im hellen
Wintersonnenlicht.

Es ist als wollten sie mir sagen: " bitte störe
meine Ruh' jetzt nicht -
werde sonst nicht erblicken, des Frühlings erstes,
wärmend Angesicht!"

Und auf dem Eise, noch dicht am verschneiten
Uferrand, gar viele Paare,
Kinder tummeln sich – unbeschwert, ganz außer
Rand und Band;

nur auf der See Eisesmitte schwebt auf
bezaubernd, betörend Weise,
eine Maid, ganz im Weiße, stolz wehend Haar, so
zieht sie ihre Kreise.

Aus ihrem schönen verträumten Munde,
verströmt ihr Atem -
so furchtbar kalt und eisig, umfängt er Gezweig
und See;
die Eisesmitte nun fest gefriert, welch ein
Wunder dies zu sehen.
des Winters Tochter, in ihrer frostigen Schönheit:
du wunderbares Weh!"

Da läuft im schnellen Gleite, ein Knabe, auf der
See Mitte zu;
so heiß, lodernd steht sein noch so junges Herz in
Flammen,
und ich hör' es verlangend flüstern: „tanz mit mir
du Schöne,
denn ich will nicht länger warten, vorbei ist
meiner Sinne Ruh'."

Warm umschlingen seine Arme den erschrocken
wehrend` Leib -
es schmilzt des Eises starre Schwere, alle retten
sich zum Ufer hin;

„ach Knabe, zu eilig, unbedacht dein Werben, ich
muss nun geh'n,
lange Zeit, du musst jetzt warten, auf deine, des
Eises stolze Königin!"

Reinhard Blohm – Brettin   2006

182. Die von der Arbeit erschöpfte Mutter.
Nach der bisher unveröffentlichten Originalzeichnung.

Die Mutter

Es geht dort auf dem Wege,
am Stock, gebückt ein Mütterlein,
ich, dein Kind will dich führen -
komm, ich lass dich nicht allein.

Du hast dem Sohn gegeben:
Kleidung, köstlich Laibes Brot,
verstehend die Lieb zum Maide
dein Rat, so lindernd, seine Not.

Mutter, verlangend, deine Tochter
der Liebe seltsam Wege oft betrat-
zu ihren Füssen schaukelt eine Wiege:
Hab' Dank, für deinen Rat und Tat!

Du hast uns gebadet und gelehrest
was richtig, oder Gut und Böse ist;
später erst verstehend, wie groß
Mutterliebe, selbstlos oft sie ist!

Eine korinthische Vase, deinem Mädel,
gabst du sacht in ihrer Hand.
„Versteh' ihre uralte Schönheit,
sowie der blauen Blume am Wegesrand!

Gewiss bist du umschlungen,
von Amors Armen, fest und stark.
Mit unseren Stimmen, er dir saget
dass er dich immer, immer noch mag!

Reinhard Blohm – Brettin   2005

Des Weibes 'Stelldichein'

(Gedanken einer Dame)

Wie hell höre ich das ferne Läuten,
samtig Stimme, du riefest mich heute an.
Du willst heute freudig mich erwarten;
im kleinen Café, dicht bei mir, gleich
nebenan.

Der kleine Raum ist schwach erleuchtet,
auf dem Tische dort liegt ein Blumenstrauß.
So lieblich Melodien drängen meine Füße;
ach' süßes Erwarten, es gibt nun kein Hinaus!

Du reichst mir eine duftend, blutig rote Rose,
ein warmes Lächeln nur im Angesicht.
Wie stumm ist oft des Alltags Stimme,
still dieses ewig Schöne: 'Ich liebe dich!'

Schöne Bilder, verborgen leise Wünsche
strömen in mein Herz, fluten meine Fantasie;
Erwartend deiner starken wissend Hände -
wie bebt mein Leib, wie zittern mir die Knie.

Der süße rote Wein ist längst getrunken,
„wollen wir gehen?", Du schaust mich an;
„Komm Liebster, sieh' die Sterne funkeln -
Du mein vertrauter, langjähriger Ehemann!"

Reinhard Blohm – Brettin   2005

Die Nymphe und der Frühling

Der Winter ist gegangen, leise plätschern Fluss
und Bach.
Blumen ihre Köpfe wiegen, kaum vergangen ist
die Nacht.
„Süßer Wein, oh' Zechgelage, wie umwölkt ist
mein Sinn",
Ein Jüngling dicht am Ufer, spricht es leise vor
sich hin.

Da beginnt das Schilf zu rauschen, fast still ist
jetzt die Flut.

Eine Maid dem Grün entsteiget, umhüllt von roter
Haaresflut.
„Komm du schöner Knabe", ihr Arm führt ihn
zum Uferrand;
„Nur kurz die Frühlingstage, gar selten betrete ich
das Land.

Gern will ich dir zeigen, die Grotte am Flüsse
Grund;
Die Nächte dir versüßen, mit meinem sehnenden
Mund".
Der Jüngling zögert, denkt nicht an Braut und
Gut,
Morgennebel schwindet: verschlungen hat beide
schon die Flut!

Im Ort die Glockenklänge, umhüllen jedes Haus.
Doch die Braut sie sieht niemand wartend
weinen;
ihr Lichtlein geht nun aus, ...geht ganz leise aus!

Reinhard Blohm – Brettin   2004

Drachenfels

Westerwald, 900 Jahre her mag es wohl sein
nur kurz und tragisch war die Liebe junger Leute:
Griselde und Gernot, daheim am Flusse Rhein.

Der Ritter Gernot liebt Griselde und begehre ihre
Hand,
gleich dem Schlagen der Nachtigall,
erklang, so um sie werbend, sein Minnegesang.

Für die Heirat prächtig gekleidet sind Griselde
und Gernot;
auf stolzen Rossen ziehen sie und vieler Gefolge
dahin,

Vater, Mutter sollen ihr Bündnis segnen, froh bar
jeder Not.

„Liebster, hörst du dieses Rauschen, gleich einem
Flügelschlag,

Oh weh' es ist der Legende schrecklich Drache
Rinaldi,
vielen Tapferen, gab er schon ein unrühmlich
frühes Grab."

Der Ritter zog sein Schwert, den Spieß, so tödlich
schwer,
doch Griselde lag schon in dem Drachen Fängen;
ihr sanftes Antlitz, golden Haare, sah er niemals
mehr!

Funkelnd glänzt das Tafelsilber auf der Burg des
Namens Drachenfels;
zum Manne, schön wie Eros, hat der Drache sich
gewandelt,
sein Lächeln bezaubernd wie ein Mann von Welt.

„Griselde, du bist schön, vereint in Geist und
Harmonie,

wohl sieh' des Nachts zum Menschen ich werde,
wenn du mich liebtest, will ich beugen Kopf und
Knie!"

„Lass die Harfe mich jetzt hören, vergangen sind
so vieler Nacht,

Rinaldi, eine lieblich Weise sollst du mir spielen,
bis die Morgensonne uns wärmt und strahlend
lacht.

Du Unhold komm in meine Arme, Einsamkeit
lässt vergessen
deinen Trug und List. Wie mag es den
Verwandten gehen -
der Natur Sehnsucht mich schwitzend an das
Laken presst.

Oh Mann, wie stark sind dein Leib und deine
Arme,
Unendlich Verlangen durchflutet meine Brust
Zärtlichkeit, Gewitter, gefolgt vom erlösend
Regenguss!

Du schenkst mir Gold und Seide, der Frauen
Begehr dir wohlbekannt,
doch kann ich es nicht zeigen, des Nachbarn
Weibe,
den edlen Smaragden Stein an meiner Hand."

Weh' mir unselig Weibe, die Schmach ist so groß.
Gab nach deinem Nachten stolzen Schönheit,
doch ewig einsam, dies ist mein Los.

Unser Kind ein lieblicher Knabe oder Mägdelein,
ach du Fluch, am Tag ein garstiger Drache,
nur des Nachts kann es mein Kindlein sein!

Die Burg dort auf dem Felsen, romantisch über
Waldesdach,
da peitscht ein verzweifelter Schrei Getier und
Zweige:
„Warum Griselde, bist du gesprungen, vom
Turme in die Nacht!"

Und es klingt aus der Tiefe, eine Stimme klar und
rein:
„Verzeih' mein Gehen, warum nur waren wir
allein.
Der Rose Duft mit anderen teilen, doch es konnte
nicht so sein!"

Reinhard Blohm – Brettin   2005

Du, Virginie

Die Sonne spiegelt sich im Antlitz von Wald und
Flur.
Dunkles Leuchten, helles Funkeln-
wie der goldene Ring an meiner Hand;
und ich denk' zurück, an längst vergangenen
Tagen,
in der schönen Provence Land.

Meiner Jugend Schritte streiften hungrig,
suchend
durch das Land. Worin schrie es tief im Innern,
liegt das Glück, des Lebens
sinnvoll Harmonie?

Doch dann, dank dir: Amors Fingerzeige -
Ja, dann traf ich sie: Du, Virginie!

Du warst die Maid im weißen Kleide:
Schamhaft, stolz, fordernd in der Liebe,
kühle Haut,
so gleich dem nahen Morgenrot.
Lachend schwelgten wir beim dunklen schweren
Weine,
oft nur weinend, beim duftend hellen Brot.

„Ein Schloss in den Bergen", du lächelst: „ein
schöner Traum!
Glück! Wir werden es finden, im immer neu
Vertrauen."
Ein Unglück hat genommen, die Schönheit deines
Angesichts.
Doch Virginie, die Wärme deiner Augen –
ich glaub', kein Stern kann geben, soviel Licht!

Die Jahre sind vergangen, du bist oft müd',
ich will dich halten, begleiten dann zur Ruh'.
Ach Herz, wie konnte ich's ahnen – für ewig
brechen

will deiner Augen Lebenslicht und der Blumen
zarte Blüten: voller Trauer, gehen leise zu.
Die Sonne spiegelt sich im Antlitz
von Wald und Flur.

Virginie, du Mein im weißem Kleide,
still, gebrochen ist dein großes Herz.
Und doch, es bleibt mir die Erinnerung,
gütig lindernd, einen großen, tiefen Schmerz!

Reinhard Blohm – Brettin   2006

Einmal in den Himmel fliegen...
(Kartoffelfest Genthin 2006)

Nun hört, gestern war ich beim Feste,
Musik und buntes Treiben – Jung und Alt
- wie verlockend lud es alle ein.
Dem steten Alltag schnell entfliehen-,
verspricht der Seele Glück und Sonnenschein.

Ich sah' dort küsst der Bursch' sein Mädchen,
Augen, etwas ängstlich und doch des Glückes
voll;
ihre streichelnden Hände, beinah eigenständig-
sind voller Liebe und so erwartungsvoll.

Und dort am großen, hohem kreisend Rade,
die Gondeln sinken, steigen übermütig toll.

Kinderstimmen, Hände winken – zum Himmel
steigen,
das wäre, nein das ist so wundervoll.

„Kauft ihr guten Leute...", kleine Kinderstimmen,
-verzeiht, beinah hätte ich es überseh'n.
„Kauft doch ihr lieben Leute unser Spielzeug,
sehet, ist es nicht noch gut und schön?

Und schon verkauft ist die Puppe, Spiel
und klein Jörgs stolzer Ritter mit dem Schwert.
„Doch nur einmal in den Himmel fliegen-
der Schmerz, und doch, das Fliegen ist es wert!"

Reinhard Blohm – Brettin   2007

Unser schönes Deutschland

Der "Rhein" · Loreleyfelsen

Im Schwarzwald

Februar - März

Februar, vereinzelt weiße Flecken
liegen einsam auf Weg und Land.
Der Schnee des Winters Weggenossen;
zögernd, verlässt er Feld und Land.

Dunkel, grau die weiten Straßen
nur so kurz der Sonne helles Licht,
es ist als wollt die Seele blicken
in ihr eigen, müdes Angesicht.

Doch dann schwebt die wilde Taube
auf den Ästen, leicht und wunderbar;
Maiglöckchen, so duftend, sie verkündet -
Frühling, so ersehnet, bald wird er wahr!

Und ihr Lieben, in euren Herzen,
wohnet Leid, doch auch das Glück;
habt Hoffnung, nur nicht verzagen,
Mut und Liebe – alles kehrt zurück!

Reinhard Blohm – Brettin   2005

Frühlingsfreuden

Hohe, tausend Jahre alte Berge, umschließen
stolz ein Tal in seiner Pracht.
Angeschmiegt am sanften Hange, ein Haus,
voller Blumen, ein paar Zwerge,
Ach' meiner, der Gefährten müden Füße, so
willkommene Herberge.
So komme Morpheus, du Gott der Träume,
schenk' mir eine gute Nacht.

Ich gehe noch sehr zögernd, die Wege unterm
Hang, sie sind so schmal,
frischer Wind weht von den hohen Bergen, mein
Herz wird weit und warm.

Der Lenzes zarte Blumen, betörend' Duft der
rosaweißen Apfelblüte,
Weißer Stock, du mein täglicher Gefährte, nehme
ich jetzt unterm Arm.

Schon in dem März ersten sonnig Tagen,
verweilt' ich hier so manches Mal;
Schneeglöckchen, erste Frühlingsboten, ihr leises
Läuten ich vernahm.
Ihre Farben, wollt meine Hand ertasten, wie kühl
die eine, die andere warm;

wie beglückend, diese im Wandern schöne Tage,
im Osttiroler Frühlings-Tal!
Ihr Freuden, wie vermiss' ich jetzt den
duftgeschwängerten Frühlingswind;
der Zug, dröhnend Kreischen, wie schmerzhaft in
meinen hellen Ohren.

Eine hilfreiche Hand ich leise spüre – fühl' mich
nicht mehr so verloren,
bin ich auch seit weit vergangen Kindheitstagen,
auf meinen Augen blind!

Reinhard Blohm – Brettin   2006

Im Frühling

Frühling, ein Wort, beinah zart und leise
gebärende Kraft, dem Kind bis zum Greise.

Brechende Knospen, Farben: Gelb bis Azur -
betörender Duft, berauschend die Natur.

Jubilieren der Vögel, es sprengt deine Brust.
Mädchen lächeln: ein Schleier, Hauch von Lust.

Oh' Sie Madam in Verlangen verloren:
reifer Wein in griechischen Amphoren.

Der Jüngling, der Mann, gebunden oder allein,
mal war es Liebe, mal Trug und Schein.

Ein glücklich' Paar, das Kind spielend im Sand;
Vertrauen – unlösbar bindend Band.

Offene Herzen, andere hässlich gemein;
Frühling wird für Dich immer bezaubernd;

die nehmende gebende Liebe, deren
so trunken machende Erfüllung sein!

Reinhard Blohm – Brettin   2001

Für Griet

Ich weiß nicht warum der Tag heut'
so schön und traurig ist.
Liegt es an der blonden, blauäugig Schönen,
so wissend, träumend vor mir sitzt.

Das Haar gehalten von einem silbern
schimmernd Ring,
das Antlitz, im Landen des Südens,
gar so viele zu sehen sind.

Der Ort, der Bus steht nun im Halt;
eine schöne Blume, einsam dicht am Wald.
Ein fallend' Blatt will sie umarmen,
wäre es nur nicht so müd' und alt.

Hoch trägt uns das Schöne,
weit in das ferne Firmament,
doch manchmal folgt der Sturz zum Tale:
und der Schmerz, oh du Schmerz, er brennt!

Und es klingt eine schöne alte Weise
aus dem Blumenkelche leise hervor:
Höhen, Täler begleiten deine Reise,
doch auch des blauen Himmels Flor.

Reinhard Blohm – Brettin   2007

Geliebter Garten

Viele Wege hat dein Garten, weit im
Blumenmeer;
die Liebste will ich suchen, das Laufen fällt nicht
schwer.

Duftend bunte Blüten, ach' welch eine
Farbenpracht,
Seele du wirst genesen, bei den Kindern dieser
Nacht!

Oh wie freudetrunken, dann ein Brennen im
Gesicht,
dornig Sträucher raunen: " wir lassen dich nicht!"

Ich scheue keine Mühe, Gruß du murmelnder
Bach.

Es umschlingen mich zwei Arme, drängend, so
sacht!

Vom Himmel so helle Strahlen, wie weich ist das
Moos,
fallend die goldenen Haare, ruhend der Kopf im
Schoß.

Liebste ich muss nun gehen, Tau nässt mein
Gesicht;
Morgenrot, es ist gekommen, sag' siehst du es
nicht!

Ich kann den Garten nicht verlassen, es gibt dort
keine Tür;
denn alles Duften, Schwelgen, Brennen liegt tief
in dir!

Reinhard Blohm – Brettin   2003

„Habt Dank!"

Ein Kindergesang

Weiß, tief verschneit sind Hain und Häuser;
wie schneidend, pfeifend, heult der Wind.
„Schön, Eisblumenfenster", sagt leise ein Kind.
„Ach so!" ächzend, das Holz, im Kamine Feuer.

Und ein Fuchs schleicht sacht ums Haus,
er will so gern den Hühnerstall erspähen.
„Meine Sippe giert schon nach dem Schmaus,
weh mir, ein Hund - man lässt ihn raus!".

„Du Rotschopf, der Hunger tut gewiss dir weh,
höre ich doch deine murmelnde Stimme".
Eine Träne nässt der Kleinen Aug' und Sinne:
„Fang den Hasen, er hoppelt dort im Schnee".

„Oft manchmal ich allein am Fenster sitz',
Mutter, Vater - oft drücken Pflicht und Zeit;
doch Liebe, Beachtung und Geborgenheit -
oh', eine ganze Welt in eurem Lächeln ist!"

Reinhard Blohm – Brettin 2004

51

Pan, Gott des Waldes

Es zieht eine ferne, verlockend süße Weise,
durch den vom Herbst geschmückten Wald.
Göttliche Melodien, voll von Schmerz und
Sehnen,
du und ich, gar gerne finden wollen wir sie bald.

Und tief versteckt in dem feuchten Walde Dunkel
ein Jüngling, bärtig, bocksfüßig, mit langem
Haar.
Und er die Flöte so lockend spielend: Es ist Pan,
der Gott des Waldes, ich glaub' es ist wohl wahr.

Verträumt, lüstern, sitzt er auf dem
Eichenstamme:
Wald – und Wassernymphen, ewig begehren ihre
Haut;

„Erdenbürger, leuchten soll euch meines Feuers
Flamme,
ich hasse nicht das Fremde, doch ihr mir wohl
nicht traut!

Seltsame Geister, süßes Ahnen, schweben in der
Luft,
nur der Mond zieht einsam auf den Himmel
dunkler Bahn.
Ein Stück Hoffnung fasst uns an den kalten
Händen,
sieh`, das spiegelnd Wasser, dort schaukelt unser
Kahn.

Bang hör' ich das wiegend Schilfrohr rauschen,
zornig' stete Rache, weh' dir Pan –
tausendfach.
Eine flüchtige Nymphe wurde unseresgleichen
- zu deiner klagenden Flöte, Du hast sie gemacht!

Die feuchten, hohen Nebel, längst sind sie
gefallen,
Geschenk Natur, oh Herz, du bist erfüllt von selig
Ruh'.

Bunte Farben taumeln, wirbeln unter
Sonnenstrahlen-
vielfältig, übermütig, schön – so wie auch immer
Du!

Reinhard Blohm – Brettin   2006

Im Advent

Einen Kranz will ich dir flechten, aus
immergrünem Tannenzweig,
Kerzen sollen ihn schmücken, den Kreis aus
Liebe und Verzeihen.

Vier Kerzen sind vier Wochen – dann ist
Weihnachtszeit.
Kinderherzen schneller pochen: „Mama, wann ist
es so weit?"

Still sinkt die Nacht hernieder, nur ein einziger
Lichtlein brennt.
Herzen summen Weihnachtslieder, Hoffnung,
Freude im Advent.

Der letzte Lichtlein ist erloschen, nur die Sterne
halten Wacht;
Im Dome ruhen noch die Glocken, bis zur
kommend heilig Nacht.

Einen Kranz wir wollen flechten, aus
immergrünem Tannenzweig.
Vier Kerzen sollen ihn schmücken, und keiner ist
heut' allein!

Reinhard Blohm – Brettin   2003

Herbst Melancholie

Wehmütig den Blick zurück,
Vater Herbst er will nicht warten.
Taumelnd Blätter: Kupferstück,
raschelnd auf Weg und Garten.

Das Haus gebaut, den Vater verloren-
schnell vergangen ist die Zeit.
Nachbars Mädel hat ein Kind geboren,
ein rastloses Pendel: Glück und Leid.

Schwankend Wipfel seufzen, klagen,
ach' im See das Spiegelbild.
Sehnsucht nach vergangenen Tagen,
badend Kinder – laut und wild.

Neue Früchte werden reifen,
verträumt der Angler: Hand am Kinn.
Gegenübers Hand ergreifen -
verborgen oft der Sinn!

Reinhard Blohm – Brettin   2002

Leberblümchen

Ein kleines Blümlein tief im Walde, steht frierend
im Morgenlicht;
„Oh komm, Du strahlende Sonne, nimm den
kalten Tau von meinem Angesicht."

Und sieh die Sonne hat Erbarmen, warme Hände
Teilen der Zweige Gewirr.
„Wie schön", das Blümlein im blauen Kleide,
„ich, ja, ich danke Dir dafür."

Ein kleines Blümlein tief im Walde, das kleine
Herz so sorgenschwer;
warum nur bin ich so alleine – eine Gespielin
wünsch ich mir so sehr.

„So such doch", wispern die schon knospend
wiegend Zweige,
„ach such, denn gar so schnell geht dieser Tag zu
Neige."

Ein kleines Blümlein tief im Walde, steht in
einem blauen Blütenmeer,
„Liebe, viele duftend' Hände, nun komm du
Frühling, ich liebe Dich so sehr!"

Reinhard Blohm – Brettin 2008

Ein großes Lebkuchenherz
Eine Weihnachtsgeschichte

Guten Tag, liebe Leser. Ich möchte Ihnen oder den kleinen Zuhörern eine Geschichte erzählen, die vor einiger Zeit auf den Weihnachtsmarkt der Kleinstadt Genthin, seinen Anfang nahm. Beim ordnen einiger Papiere bin ich dann darauf gestoßen und ich beschloss, diese Blätter an der hiesigen Zeitung abzusenden.
Aber nun von Anfang an!

Ich stand eines Abends am Küchenfenster und
schaute auf die Straße.
Es dämmerte und nur der Wind versuchte die
feine Schicht Schnee in kleinen winzigen
Lawinen vor sich herzutreiben. Der
Wasserkocher summte und ich lauschte den
schönen Melodien eines Weihnachtsliedes aus der
Stube. Die Tür hatte ich einen Spalt
offengelassen.

Ganz plötzlich sah ich wieder ein Bild vor mir:
den Weihnachtsmarkt zu dieser vergangenen Zeit,
ein Verkaufstand neben den Anderen, von
Menschentrauben dicht umlagert.

Laute Weihnachtsmusik und der schwere Geruch
von Brathähnchen, Bouletten, Glühwein
umhüllten die schlendernden Besucher.
Ganze Familien, einige Besucher auch allein! Ich
biss ein letztes Mal von der Bratwurst ab,
die ich mir an einen Stand gekauft hatte und ich
beschloss zu gehen.

Da fiel mein Blick auf einen großen Tisch –
Kristallwaren wurden hier angeboten.
Eine junge Frau hielt eine fein gemusterte Schale
in der Hand und betrachtete diese verzückt.

Es war als beginne die Schale leise zu leuchten,
in den warmen Handflächen der jungen Frau.

An ihrem Arm baumelten von Bändern gehalten,
ein paar Kinderhandschuhe.
Na nu, dachte ich. Sah aber dann weiter rechts ein
kleines Holzhäuschen, behangen mit
bunt gesprenkelten Lebkuchen. Ein etwa
fünfjähriges Mädchen stand davor und hielt ein
großes Lebkuchenherz in ihren Händen. Die
Kleine schaute gebannt auf die andere Seite des
Ganges. Hinter einen Tisch saß ein älterer Mann
auf einen Hocker.
Ein dunkelroter Mantel lag um seine Schultern.
Auf den Kopf trug er eine Strickmütze,
in der Farbe des Mantels, mit einem breiten
weißen Band in Stirnhöhe.
Neben ihm stand ein Knabe, die blonden Haare
fielen tief auf seine Schulter und seine Hände
rieb er fröstelnd aneinander. Später erfuhr ich der
Junge war mit seinem Opa da, wohl in der
Absicht sein Taschengeld aufzubessern.
Unzählige Sterne geflochten aus Stroh,
durchzogen mit farbigen Bändern, lagen auf der
dunkelblauen Tischdecke. Wie ein kleiner
Himmel!

Der ältere Mann erinnerte mich noch an Zeiten, in denen ein Vater verkleidet als Weihnachtsmann, von Tür zu Tür ging und die kleinen Kinder mit Sack und Rute überraschte.
Ob das kleine Mädchen nun in diesem Moment an die ‚Weihnachtsgeschichte' dachte, erzählt von ihren Eltern weiß ich nicht. Sie stemmte mit einer Hand das Herz an ihren Körper und brach ein großes Stück davon ab. Mit ein paar Sprüngen überquerte sie den Gang, und hielt den verblüfften Jungen dieses Stück vor seiner Brust.

Dieser zögerte erst, aber dann nach einem Blick in ihren großen blauen Augen, nahm er es lächelnd. Ein wenig bewegten sich seine Lippen, dies sah aber die Kleine nicht mehr, denn Sie wandte sich plötzlich ab und lief zu ihrer Mutter. Es war die junge Frau die immer noch verzückt die zerbrechlichen, feinen, funkelnden Kostbarkeiten besah.
Ein paar Besucher waren stehen geblieben, wohl wie ich Zeugen vom Verhalten der Kleinen. Ihre Mutter beugte sich etwas herab und lauschte den schnellen Worten ihrer Tochter.

„Mutti der Knabe..., Christkind...", ich verstand
nicht alles was sie sprudelnd erzählte und schob
mich näher heran. Dann erwiderte ihre Mutter
etwas, was mich bewog, diese kleine
Begebenheit aufzuschreiben.
„Ach meine Kleine bleibe nur wie du bist, weißt
du, ein Teil des Herzens auch immer
ein Teil Liebe ist." Als ich den Markt verließ,
wandte ich mich noch einmal um.

Wie eine goldene Ähre stach der helle Schein des
Weihnachtsmarktes in den dunkel werdenden
Himmel. Es war als wolle der helle Schein etwas
verkünden, empfangen!
Nun ihr kleinen oder großen Leser dieser
Geschichte – wie viele Liebe und Hoffnung
liegen in dieser Begebenheit.

Allen ein gesundes Frohes Fest!

Reinhard Blohm – Brettin   2001

Nana v. E. Manet

Männer (Ge)Zeiten

Erinnerungen sind wie Wolken oder Pfeile,
empor tragend oder Stein in der Brust.
Ein Hort der stillen, tiefen Freuden -
doch auch Hell: manchmal Schuldbewusst!

Sie war die Maid der Freude,
im Lande wohl vielen bekannt;
schlanke Birke aus fremden Landen,
mit fordernd und sanft gebend Hand.

Schmiegsam Vogel, flüchtiger Wind,
geschmückt gleich dem Pfau;
sorgend Mutter unter dem Gewand,
noch Kind die Seele, drängend die Frau.

Schwerer Wein, Labsal und vernichtend,
wer kennt die Geister – Sie, ihr leises rufen.
Die Sehnsucht, Erfüllung, etwas Pein -
Strömung, Lagune – manchmal die Tiefen!

Reinhard Blohm – Brettin   2001

Francesco Melzi "Pomona und Vertumnus" 1517

Pomona und Vertumnus

Die letzten kalten, verstreuten Winde
ziehen müd' über das schlafende Land.
voller Sehnsucht, wollen jetzt erwachen:
Frühlings Boten, ihr leuchtend grünes Band.

Noch ruht im Schutz der Felsen Tiefen,
Pomona, umhüllt vom wärmenden Kleid.
Will nicht erwachen - gar oft ich sie riefe;
ach' komm', du Göttin der Fruchtbarkeit!

Da tritt aus dem Haine dunklen Pfaden,
gebückt am Stock, ein altes Mütterlein,
lass uns, du Göttin jetzt miteinander reden-
blickt verlangend auf deren schönen Leib.

Ja, Alte, komm lass uns reden, lachen -
kalt, so einsam ist es in der Winterzeit;
wie schwer fällt mir jetzt das Erwachen,
es fehlt mir sehr - das bunte Frühlingskleid.

Ganz sacht nun legt das lachend' Weiblein
die Hand auf Pomonas weichen Halses Rund.
Schau! Zu einem Jüngling ich mich wandle,
wir wollen uns vermählen, dies tu ich dir kund!

Du Schöne, komm lass dich doch umarmen,
im Geben, Nehmen, Lust und etwas Leid;
ich bin Vertumnus, Gott der Bäume, Sträucher,
und der vielen tragend Felder, weit und breit.

Und wie brennen da in der Jungfrau Augen,
Sehnsucht, süße Schwäche - oh' sein Werben,
ja, ja... fruchtbar soll es sein auf Erden,
Blumen, blühend' Bäume und die späten
Trauben!

Reinhard Blohm – Brettin   2007

Radegunde

Es geschah vor Hunderten Jahren, düster doch
auch hell und klar.
Eine Thüringische Prinzessin, das Begehren von
Clothar -
dem König der Franken war.

Die junge Maid, ihr Liebreiz, besungen im
Volkes Munde,
dem Cousin Amallafried in Lieb' versprochen -
die schöne Radegunde!

Sie war gebildet. Die Lehren der Kirchenväter,
ihr wohl bekannt.
Größe und Schönheit der römischen Kultur -
mit beiden fühlte sie sich verwandt.

Donnernde Hufe, Waffengeklirr, dunkel ward es
im Thüringer Land.
Des Franken Scharen fielen plündern ein;
Blut und Tränen tränkten den Sand.

Vergeblich das Warten, auf die Hunnen und
Goten rächende Hand.
Erschlagen die eiligen Boten -
erreichten nicht der Nachbarn Land.

Erschlagen auch der Maid Mägde und Mannen,
am Hofe ein schrecklicher Totentanz.
Amallafried konnte entfliehen, nach dem fernen
Byzanz.

Nun wurden die dunklen Träume der Prinzessin
wahr.
König Clothar nahm sie zum Weibe -
der fremde ungeliebte Barbar!

Ach wie kalt die Ehe, ungesegnet blieb ihr Leib.
Ein Hospital sie gründet,
gibt den Kranken Wärme und ihre Zeit.

Jahre vergehen, oh' Qual, der Raben Schatten fällt
hinab.

Auch ihren Bruder und Onkel lässt Clothar töten.
Ihr Geliebter, tot – liegend im kalten Grab.

„Gewaltig deine Bürde" Radegunde stöhnt zu
ihrem Gott.
„Doch nicht gebeugt in meinem Sinne,
als Diakonin will ich wirken, hier an diesem Ort."

In Portiers: ein Kloster, viele Menschen, Wagen
im wartend Stau.
Heilig Radegunde, Hoffnung war deine Seele;
gütig, vergebend – du große Frau!

Reinhard Blohm – Brettin   2003

Der Riese „Rübezahl"

Am Berghang steht ein Häuslein, geduckt,
zerzaust vom Wind;
aus den Fenstern, kleine gelbe Augen schaut
besorgt ein Kind.
Es sieht den Vater formen, farbig Gläser: schlank
und oval
schmal, hohl die Wangen, der Glasbläser aus dem
hiesigen Tal.

Da nimmt das Kind den Korb, voll
zerbrechlichem Gut;
einlösen auf dem Markte, den Geschwistern:
Milch und Brot.

Der Weg führt übern Passe, durch tiefen finsteren
Tann;
Die Mär so erzählt: dort wohnt ein riesig, böser
Mann!

Dem Kinde grauset, es übersieht den tückischen
Stein,
zerbrochen ist die Ware, es ist verzweifelt und so
allein!
Es teilen sich die Zweige, ein riesig Schatten fällt
hinab;
da tragen zwei Arme, es übern Passe, in das Tal
hinab.

„Dank dir, du bärtiger Riese", hell schallt es den
Wald hinauf.
„Ein Wunder: unversehrt die Ware, vermehret
auch an Zahl.
Ja, gar wohl weiß ich nun dein nur geflüsterter
Name:
Du bist der Geist der Berge – der Riese
'Rübezahl'!

Reinhard Blohm – Brettin   2003

„San Marino"

Des Meeres schaumige Kronen, rollen
schwatzend an der Insel steinig Strand,
aus einer Muschel leise entsteige, Göttin
Aphrodite, zögernd berührt ihr Fuß den Sand.

Sie hört die römischen Kohorten, der Soldaten
schwere Tritt und Waffengeklirr-
Diokletian, der Kaiser hat befohlen: "die
Christen, ertränket sie im Meer!"

Aphrodite, du musst nun gehen, wolltest Liebe
bringen in deiner schönen Gestalt;
siehst Frauen, Kinder, Männer sterben, ach wie
hässlich ist dir die rohe Gewalt.

„Brüder lasst uns fliehen, weit in die Appenin, ich
der Steinmetz Marinus will euch führen,
auf hohen Pfaden, so verschlungen, der Herr uns
öffnet der Berge hohe Türen.

Weh' wie bluten da die Füße, Sandalen zerrissen,
barfuß geht's einher;
Der Frauen Schulter schmerzen, die Angst, die
Last so drückend schwer!

Die Jahre sind vergangen, Marinus Blick schweift
über Dörfer und das Meer,
Stolz prägt seine gefurchten Wangen - schön ihr
Land, was will man mehr!

Auf dem Wege geht Maria, von ihren Lippen
perlt ein leises Lied.
Ihren Burschen will sie treffen, liebkosen seine
Haare, schwer ihr Busen bebt.

Blutrot ist der Himmel, die Sonne sacht und müd'
ins Meer versinkt;
die Tiere verlassen nun die Weide, lächelnd
träumt schon manches Kind.

Und durch die Olivenhaine schreitet eine
anmutige Göttin jetzt einher:
Aphrodite: San Marino Liebe, Würde, schenkend-
dunkler Samt das Meer!

Reinhard Blohm – Brettin   2005

„Sommerliebe"

Einmal verirrt' ich mich vom harten kalten Wege,
in einem kniehoch dichten, wogenden Korn im
Feld;

als ob unzählig Leute drängen sich bei den
Volksfesten,
aufrecht, wiegend, wie grad' die Winde es gefällt.

Dicht am Feldrain stehen zwei einsam Blumen,
die eine rot, die andere dort im Blütenblau.
Ich wünschte der rote Mohn
wäre ich im Manne,
und Du Geliebte, die Kornblume
dort als Frau.

Und die stechende Sonne, durstig ist das
Blütenangesicht;
auch ihr schweren Stürme, Fürchten lehrt ihr uns
nicht!

Still ist jetzt der Abend, vereint sind wir zum
bunten Strauß.
Sieh' dort das schmale Band des Weges, gehen
wir nach Haus!

Du Vollmond, verhülle deine spähend leuchtend
Scheibe;
küss doch den nahen hoffnungsvollen Morgen
wach;

noch zerbrechlich ist der rot' und blauen Blume
Leibe,
in der unendlich weisen, verstehend, schwülen
Nacht.

Einmal verirre ich mich vom harten
kalten Wege,
in einem kniehoch dichten, wogenden Korn
im Feld,
und höre fruchtbar Gräser miteinander
flüstern;
schön, ach' wie schön ist doch
unsere Welt!

Reinhard Blohm – Brettin   2007

Süß- und Bittermandel

Noch errötend erhebt sich der sonnige Tag am
Horizont empor.
Nur kurz sein Treffen mit der geliebten, dunklen
samtigen Nacht.
Wohl wissend: Natur und Alter, beglückend,
traurig, stets im Wandel,
die Frucht, so erfährt auch er, ist gleichsam eine
Süß- und Bittermandel.

„Ach" So jung
ist dieser Frühlingsmorgen; engumschlungen
Blüten träumen
noch tief im Schlaf, im schützend, köstlich labend
Morgentau.
Unter hellem Sonnenstrahle werden bald die
Blumen ihre Köpfe heben;
doch den Morgentau, der Nacht so gütig Spende,
müssen sie ihm geben.

„Ich muss eilen" sprach sie, das Büro schon weit
im Rücken,
„mich sehnend schon erwarten, Tochter und mein
Mann.

Ihr erstes Konzert will unsre Tochter geben –
bald, so gegen sieben;
wie groß der Saal! Wollen gemeinsam begleiten,
ihr letztes Üben."

„Es war schön", das Nachbar Paar, nimmt sich
Zeit im Abschiednehmen;
wohl zwanzig Jahr sind beide' in Lieb
verständnisvoll verbunden-
man sieht und hat sie gern, in der "Heilen" Welt
Vergnügen-

Wagen fahren an: sie gegen Nord, er weit in den
Süden.
Schöner wäre:
Oh reife Frau, du sehnig Mann, wie schön eurer
Glieder Schönheit noch zu seh'n.
Sehnend träumt es laut die üppig Dame und auch
dort der ältere Herr;
fehlend' Mut, viel unnütz Zweifel, vereiteln das
aufeinander zugehen,

doch in Zuneigung, der gemeinsam Wege, ist
Liebe auch im Alter schön.

Verstehend warme Augen, erwartend pulsieren
Haut und Venen;
Hände suchen, Lippen finden – oh du schmerzend
süße Qual,
unsere Liebe braucht nicht das Feilschen,
widerwärtig Handel,
auch nicht die ewig' Wahl, zwischen Süß- oder
Bittermandel!

Reinhard Blohm – Brettin   2006

Tannenzauber

Ich gehe mit tiefen Schritten, durch den hohen,
blendend' Schnee;
ein Zweiglein will ich brechen von der Tanne
schlanken Leib.
„Lass das verletzend schlagen, tue mir nicht ein
unrecht' Weh',
und brichst du meine Schönheit, es wäre nur dein
eigen leid!"

Ich höre die flehend' Stimme, aus der Tanne
bebend' Gezweig,
die Axt mir entgleitet, aus meiner, jetzt so
willenlosen Hand.

„Ja, du duftend Schlanke, verschonen will ich
dich oh' Maid,
sorgsam dich nun führen, in meinem Garten
fruchtbar Land."

Und ich höre am Fenster deine Zweige zitternd
rauschen;
Ach' ich verstehe: du hast Heimweh, fühlst dich
allein,
doch täglich werden Vöglein unser Flüstern
lauschen,
ihr leis' Gesang, wird unsere göttlich schöne
Hymne sein.

Viele Jahre sind vergangen, ein flüchtiger Wind
die Zeit.

Deine Zweige, meine Hände, decken, heilen
manche Wunden.

So gefangen, im Zauber dieser tiefen, reuelosen
Dankbarkeit,
sind wir zwei auf ewig, du stolze Schöne, jetzt
verbunden!

Reinhard Blohm - Brettin

Geschichte und Tod eines Schmetterlings

Es liegt am Hange, tief im Tal
ein sonnig buntes Blumenfeld,
mitten drin ein saugender Falter,
die schillernden Flügel hochgestellt.

„Komm zu mir so rief der Rosmarin;
nimm meiner Kelche Trauben Wein."
„Bleib", der Thymian, errötend leise` im Sinn.
„Sollst unser Geschmeid' und Krone sein."

„Pha, bei diesen stetig kleinen Gaben,
ewig mein Verbleiben an diesen Ort;
an allen Blüten will ich mich laben" -
der Falter sprach's und flattert fort.

„Lieb Lupine" lass mich nun ruh'n,
umhüllt von deinen Fingern Blätter.
Bin müd' vom treulos langen Tun
Oh' weh, ahne kommend Ungewitter."

„Nein, farblos nun dein buntes Kleid,
wie maßlos war dein Verlangen.
Suchest Glück und gabst Leid -
in so sinnlos Eitelkeit gefangen!"

„Ein Farbton hier, ein Farbton dort -
an so vielen Blüten er verblieben;
naschest Öle, ach' an vieler Ort,
mein Zauber konnte' nicht siegen!"

„Auch an den Meeren, ferner Gestaden,
verdorben der einst herrliche Rumpf.
Herbstzeitlose, selbst giftig Oleander";
die Dotterblume, klagend dicht am Sumpf.

Duftend Gräser, Farn und Sträucher
herrlich glänzend, nass im Morgenrot.
Zwischen Spuren alt, modrig Gemäuer
liegt ein kleiner Falter – er ist tot!

R. Blohm – Brettin 2001

Brief an Madam „Gegenüber"

Was ich dir schon immer sagen wollte

Oh' Schönheit du wandelst durch Zeit und Norm,
Venus der Römer – bei P. Rubens die üppige
Form.

Schön ist der Kuss, stürmisch, mal innig sacht;
Verströmen und Zeugen in tiefschwarzer Nacht.

Rauschen der Wälder, Sonne, heftiger Wind -
Schön am Busen der Mutter das ruhende Kind.

Die Perle im Halsband die Harmonie erlebt;
Der Rubin im Ringe sich zur Pracht erhebt.

„Du herrlich Kleinod" Worte quellen in der
Kehle,
Spiegel deiner schönen, grenzenlosen Seele!

Reinhard Blohm – Brettin   2002

85

Wintertag

Kalt frisst der Regen der Erde weiß Gewand.
Das Antlitz traurig und verborgen-
gleichsam Hand in Hand.

Wir eilen, hasten, getan die Tagespflicht,
nicht achtend der Erde Sehnsucht
nach Wärme und Licht.

Liebes, halt deine schlüpfrig nasse Hand,
als wollt sie entweichen, in das vertraute
und doch so fremde Land.

„Lass uns eilen..." Worte zerflattern im
harten Wind. Schmieg dich an mich,
bis wir nur noch eins sind.

Eins in Gedanken, Seele und Leib.
Gleichsam verachtend des 'Janus' Kopfes,
der 'Medusa' Schlangen und Leib.

Ich lieb Adelbert Stifters „Garten" und die Stille
dazu.
Du der Courts Mahler Bücher: Lust und Leid,
Schatz sei still und gib endlich Ruh'.

Offen die Pforte und schnell hinein,
schon züngelt die Glut im trauten Sein.
Die Falte im Antlitz, ein graues Haar,

Tastende Hände…, wunderbar!
Ein Schuh in der Ecke, Lachs und
Bienenstich – nun: Du und Ich.

Reinhard Blohm – Brettin   2001

Der Abschied

Golden liegt die Sonne auf das noch stille,
schweigende Land,
vor meinem Fenster, ewig geheimnisvoll die hohe
Tanne,
nur ein Strauch mit leuchtend gelben Blüten -
dort am Wegesrand.

Wie ruhig gehen heut die Leute, wissend, sinnend
nur der Mund,
die Verwandtschaft oft so lärmend, ihr Reden ist
heut' so leise-;
jauchzend nur das Kleinkind mit dem blauen
Balle, tollend mit dem Hund!

Und ich seh' dort fallen helle Sonnenstrahlen in
einem Fenster breiten Spalt.
Stimmen, Wärme, erste Frühlingsdüfte, sie füllen
nun den kleinen Raum;
„wie schön", so des kranken Mannes sterbend
Stimme: er ist noch nicht sehr alt!

Und die Frau am Fenster – es zu schließen ihr
jetzt doch widerstrebt;
noch graues Land, erste weiße Blüten sehen ihre
dunklen weiten Augen:
denkt an den gemeinsam schönen, doch auch
manchmal steinig Weg.

Beides Lächeln ist das Verstehen, Verbleib in
dieser kurzen Ewigkeit,
still zufrieden an ihr fordernd, doch auch gebend
Leben denken;
nun vollendet ist der Kreis, in der unfassbaren
Ewigkeit der Zeit!

Reinhard Blohm – Brettin   2008

Der erste Schnee

Schwer zieht ein Seufzen, Stöhnen
durch den hellen Wintertag;
vor dem Haus die hohen Tannen,
tragen eine schwere weiße Pracht

Unzählig kleine weiße Flocken
fallen dicht auf Mutter Erde;
wollen tanzen, Sehnsucht
dass es kälter werde.

Doch schon die ersten dunklen Flecken
auf den Feldern hellem Angesicht;
die kleinen Flocken, so wollen mir scheinen,
leises rufen: Vater Winter, ach' verlass uns nicht.

Und Vater Winter, Mutter Erde umfangen
sanft die erste kleine Flockenpracht,
wirbelnd tanzen große Sterne
fröhlich durch die kalte Winternacht.

Oh', wie leuchten da die Kinderaugen,
strahlend großer Diamanten gleich.
Unwissend, doch schon ahnen:
verstehend, hoffnungsvolle Liebe -
macht uns stolz, ja unendlich reich!

Reinhard Blohm – Brettin   2006

Junge Frau im Mai

Schöne Maid, sie dort am Wege,
ja, ich sehe es ist wohl wahr.
Ihr Kind schlummert in dem Wagen,
warmer Wind streichelt sanft ihr Haar.

„Mein Kind, dein Wachsen und dein Werden,
behüten wird dich meine Lieb' und Hand";
ein leises Lied umspielt ihre Lippen-
fallend weiße Blüten dort am Wegesrand.

„Kämpfen, siegen, manchmal verlieren-
der Weg zu deinem „Ich" ist weit,
doch Hoffnung, all die verstehend Liebe,
dein eigenes Glück verstehen, es ist bereit!

Wie schön sind doch des Frühlings bunte Farben,
so wie du und ich – vielfältig, so wunderbar.
Das Haus am See, dort schon warten ihre Lieben,
ein warmer Wind streichelt sanft ihr Haar.

Reinhard Blohm – Brettin   2009

Kleines Herz

Kleines Herz Du musst nicht weinen.
Deiner Mutter Herz, oft der Sorgen
schwer.
Dein Vater emsig mühend, und
gewiss kein Dieb.
Ein Versprechen Dir
zu allen Zeiten:
Du sollst nie wieder Hunger leiden;
fühlst Du nicht-,
wir haben dich lieb!

Reinhard Blohm – Brettin   2008

Zwei Gesichter
(Ein Wintergedicht)

Zwei Gesichter, allein, so frierend dort am
Waldesrand.
Suchend Blicke über Felder, Häuser schweifen;
Herberge sie dort suchen-wollen gerne dort
verweilen.

Laute Stimmen, langes Schweigen, liegt so
schwer
im Haus.
Vater, Mutter, tollend Kinder mögen es wohl
sein;
frierend zwei Gesichter - die Tür, schnell gehen
sie hinein.

Eltern, Kinder staunen, Herzen pochen,
schnell erwartungsvoll.
Verstehend ihre Blicke sagen: bleibt, kalt ist
der Waldesrand;
wir wollen wieder Reden, zu lange wart ihr
verbannt.

Und sieh', zwei Gesichter, wie sie freudig
leuchten,
so schön und gar nicht mehr so frierend klein;
Nächstenliebe, Hoffnung – wird wohl euer Name
sein.

Böses Wort, oft schwer wie ein Gebirg' ist das
Vergeben,
doch warme Augen sagen: „nein, es tut nicht
mehr weh';
friedlich will das Land nun schlafen, unter hohem
Schnee.

Reinhard Blohm - Brettin 2009

Herbstsehnsucht

Kalt weht der Wind durch die Bäume torkelnd
Blätter;
so stille Ruhe in der dunklen, menschenleeren
Stadt,
gebeugt, von des Herbstes Wetter.

Die Nacht setzt funkelnde Laternen auf den
dunklen Himmelsflor,
und ich seh' dort einsame Gestalten, sie verlassen
hier und dort,
der dunklen Häuser Tür und Tor.

Und dort am Platze, steht ein großes,
verlockendes Haus;
hell die einladend großen Fenster,
Musik, Stimmenflut, dringt leicht heraus.

„Komm", Frauen-, Männerhände winken, komm
an unserem Tisch;
nimm Du doch Platz - an unserer freien Seite,
des Eros Lächeln, Bacchus Weine, warten schon
auf Dich!

Gefunden Paare, erfüllt vom Glück und schweren
Weine,

verlassen jetzt den Tisch; hell der Weg im
Vollmond Scheine,
und doch - oft ist dies so trügerisch.

Bunte Blätter fallen, und sieh' keines fällt allein.
So manche Frau und Manne, wollen in den kalten
Nächten,
doch heute - nicht so einsam sein.

Reinhard Blohm – 2010

Louise Labé
ca 1524 - 1566

Louise Labé

Verträumt der kleine Weiher dicht am
Waldesrand,
warmes Gras, kaum hört es deine eilenden
Schritte;

dunkle Seen, deine Augen, ergreife deine
bebende Hand.
Duftend dein gelocktes Haar, geteilt in
der Hauptesmitte.

Es ist so still, nur hier und da ein flüchtiger
Flügelschlag;
von ihren süßen Lippen trink ich jedes
Liebeswort.

Will ihr gerne sagen, dass ich sie mag –
doch!
Ich weiß sagt sie leise, sag kein einziges
Wort.

Sendet mir der Himmel eine bezaubernde
Göttin,
so tief betörend, geht es mir durch den Sinn.
Im lichtgrünen Gewande, schwebend vor
mich hin?
Ja, du bist es! Genannt: La Belle – die
schöne Seilerin.

Autor: Reinhard Blohm – Brettin 2012

Das dritte Sonett

Langes Verlangen, Hoffnung ohne Sinn,
Geseufze und Tränen so gewohnt zu fließen,
dass ich fast ganz in den zwei Strömen bin,
in welche meine Augen sich ergießen.

O Härten von entmenschter Grausamkeit,
himmlisches Licht, das karg zu schauen
geruhte;
und immer noch im abgelehnten Blute
zunehmend das Gefühl der frühsten Zeit.

Als litt ich nicht genug. So mag noch
schlimmer
der Gott an mir den Bogen proben. Pfeil
und Feuer verschwendet er sich selber zum
Verdruss:

Denn ich bin so versehrt und nirgends heil,
dass keine neue Wunde an mir nimmer
die Stelle fände, wo sie schmerzen muss.

Verfasserin: Louise Labé

Küss mich

Küss mich noch einmal, küss mich wieder,
küsse
mich ohne Ende.

Diesen will ich schmecken,
In dem will ich an deiner Glut erschrecken,
Und vier für einen will ich,
Überflüsse.

Will ich dir wiedergeben. Warte, zehn
Noch glühendere, bist du nun zufrieden?
O, dass wir also, kaum mehr unterschieden,
Glückströmend ineinander übergehen.

In jedem wird das Leben doppelt sein.
Im Freunde und in sich ist einem jeden
Jetzt Raum bereitet. Laß mich Unsinn reden:

Ich halt mich ja so mühsam in mir ein
Und lebe nur und komme nur zur Freude,
Wenn ich, aus mir ausbrechend, mich
vergeude.

Verfasserin: Louise Labé

Janine Ha…

Ich weiß nicht warum der Tag heut'
für mich, so schön und traurig ist.
Liegt es an der schwarzgelockten Schönen,
so wissend lächelnd, lesend vor mir sitzt.

Das Haar gehalten
von einer dunklen schimmernd` Spange,
es blinkt ein Ring.
Ihr Antlitz, im Land der Schönen,
so zart, nicht viele zu sehen ist.

Die Stadt, der Bus steht nun im Halt;
eine liebliche Blume, steht dicht am Wald.
Ein fallend' Blatt will sie umarmen,
doch es fühlt sich so müde und alt.

Wie hoch trägt uns das weiblich Schöne,
weit in das ferne sternenvolle Firmament;
doch manchmal folgt der Sturz zum Tale,
der Schmerz, oh du Schmerz, er brennt!

So komm Frühling, singe deine Lieder;
ich bin wieder ein junges grünes Blatt.
Beuge sehnend, mich zu Dir hernieder;
trink mich an Deiner Schönheit satt.

R. Blohm 2012

"Gedenke Dein"

"Ich denke dein…"

Letztes Flüstern in Goethes Sterben,

Christiana, Gedenken an langer
Verbundenheit.

Letzter Hauch wehmütig, lächelnd Augen,

Doch voll, nicht schwindend - tiefer Innigkeit.

Doch ich "Du Liebe" in der Gegenwärtigkeit,

Ich will nur mit tausend Fühlern,

Tastend Dich umarmen; gefolgt von

Der sehnenden Lippen, Hände Zärtlichkeit.

Langsam wird wohl kommen, einmal

Der Gewohnheit Peinlichkeit,

Doch meine Augen liebevoll Dich umarmen

Bis der Trennung kommend Zeit.

"Gedenke Dein", wird gewiss

In meinen letzten Stunden,

Du mein Glück und Leiden, die

Erinnerung, Begleitung sein!

Reinhard Blohm-GNT 2015

„Güte und Schatten"

Heut` Nacht im unruhig Traume, schmerzvoll die
Erinnerung trieb mir den Schweiß in das Gesicht.

Betagte Nachbarsleute mir einst von Güte und
Verrat erzählten –

nein, nicht so schön wie ein Gedicht.

Einst klopften zur Zeit der vielen kalten Tage,
unzähligen Wanderer an unsere Häuser Türen.

Fordernd Obdach, Kleidung, Brot, „wir wohl
wissend, ihr leidet keine Not".

Lang erholt, zogen sie dann durch schöne
deutsche Wälder, ihrer fernen Heimat

hoffnungsvoll entgegen.

„Nun so geht und Glück auf euren Wegen!"

Doch viele dieser Fahrend Leute, schmiedend ein
berechnend Plan,

als unsere Ersparnis war fast gänzlich fort.

„Sie trieben uns aus unseren Häusern,
Randgefilden, unwirtlich fernen Ort.

Kraftvoll dann gerechte stolze Selbstbesinnung,

ja, wir holten unser Haus zurück.

Doch jetzt um vieles Weiser, nachdenklich sehen
wir diesen Zeitenblick".

Mitgefühl bewegt uns oft zur hilfreich Güte bis es
nicht mehr nötig ist,

dankend geht der nun Erholte seine Wege.

Doch auch Undank, Hass schlägt dem Helfenden
manchmal entgegen,

denn der Empfänger fühlt sich oft so schwach
und klein -

möchte doch so gerne herrschend,

und besitzend sein!

R. Blohm – 2015

„Die Farben deiner Seele"

Kein Schnee liegt heute auf den kalten Straßen,
feiner Regen,
schwacher Wind zieht übers Land.

Plötzlich kommend,
schwere Wolken - Sturmesböen,
peitschend
Regenfluten – und Dir wird so bang.

Welche Freude, der drohend schwarze Himmel
will nun weichen,
helle Wolken, hoch oben, die weite Blaue nun
durchstreifen;
erste, wärmend Sonnenstrahlen, zaghaft
Dich erreichen;
einen Regenbogen, wunderschön am Himmel
zeichnen.

Und mir den Wolken ziehen deine Ängste in des
Himmels Ferne;

Du verstehst, dass Sie zu Dir gehören, willst dich
ihnen stellen;
mit Deinen Vertrauten reden, die Sorgen
dann vergessen;

gibt es doch des Tages Sonne und der
dunkler Nächte:
wunderschönem hellem Sterne!

R. Blohm – GNT, 2013

Vertrauen und der Verrat

Du bist so jung, doch liegt Enttäuschung,
Schatten,
Dunkelheit in deinem Zimmer und Gesicht.
„Habe Vertrauen zu allen Menschen,
bekannt und fremd Gesicht!", dir man sagte,
doch dann wurde es missbraucht und dein
verletzter
Geist und Körper versteht dies einfach nicht.

Doch dann nach endlos Tagen, erhebst du trotzig,
vorwärts blickend, wieder deiner Augen helles
Licht,
und du willst und wirst wieder des Lebensfülle
ganz umarmen; Schuld und Sühne
einen Namen geben!

Und deine fragend` Augen stets dem Anderen
sagen:
Vertrauen, allseitig, muss man sich verdienen,
glaube mir, anders geht es nicht!
Höre, es
klingelt so einladend, freundlich an deiner Tür;

Sonnenstrahlen wollen verschieben der dunklen
Fenster Vorhanglauf.
Freunde,
leicht fordernd, und du willst nicht
länger Opfer sein.

„Nun komm…lass uns jetzt gehen!“

R. Blohm-Genthin /März 2016

„Die Begegnung mit Dir"

Mein Antlitz spiegelt sich in deine Augen
Licht.

Ob dein Antlitz sich in meinen Augen
spiegelt,

nun ich weiß es nicht.

Ich möchte so gerne die Welt,

mit der stillen Sprache deiner Augen
sehen;

du auch – das wäre schön!

Reinhard Blohm – Mai 2016

Das Leben so mein...

So winzig klein erwachte in mir das Augenlicht

und ich versuchte tapsend ungelenk meine Umwelt

zu erkunden, und zu begreifen.

Mama, Papa waren der stetige Fels zur Rückkehr auf diesem

schweren aber doch so kinderglücklichen Weg.

Nun wurde ich größer, fast vergessen der Schulzeit Freud und Leid.

Wollte mein ungewollt egoistisch eigenes Ich ausleben;

Irrtümlich trotzig gegen der Erwachsenden konservativen Leben.

Es war so leicht der Jugend Ideale wechselnd auszuleben,

denn zu dieser Zeit kosteten diese ja uns nichts;

Mutter und Vater bezahlten ja unser Streben.

Dann kam, mein Mädchen, plötzlich meine Liebe zu Dir.

Ich war ohnmächtig voll von Glück, leidend bei Trennung,

und doch, die Liebe kommt immer zurück!

Wir waren auf einer scheinbar einsamen Insel,

ein Spiel der Hormone und Gefühle, doch das verstanden

wir damals, glücklicher Weise noch nicht.

Wir werden reifer, Geben und Nehmen,

doch mancher denkt nur an sich!

Wir schaffen oder man gibt uns sich ändernde Lebensmodelle und

lieben unsere Heimat, so auch als loyale Pflicht!

Wir sind Gut und manchmal ein wenig Böse, hinterfragen vieles, denn nur am vollen Leben teilzuhaben - dies reicht uns nicht.

Und das ist auch gut so glaube ich.

Doch immer öfters ergreift mich jetzt im Alter,

Gedanken, bedrückender Schmerzen.

Kreisen wir verbunden, uns stetig neu erschaffen,

in einem Raum- so groß,

und doch suchend einsame Herzen!

R. Blohm/Genthin 2017 / 18

Romeo und Julia

Watteau
La Game d` Amour-1710

Carl Spitzweg

„Der einsame Poet" 1839

Poet mit Blume

Tizian (Tiziano Vicelli) ca. 1490-1576

„Venus verbindet Amor die Augen"

Die Gemeinde Brettin ist ein langgezogenes Straßendorf nordöstlich von Genthin mit 984 Einwohnern. Zeitweilig Wohnort des Autors.

Die restaurierten Straßen und Häuser, das neue Wohngebiet am Annenhofer Weg sowie das aufblühende Gewerbe mit gegenwärtig 19 Unternehmen charakterisieren Brettin als Ort mit Zukunft,

Viele Städter haben in unserem Dorf ihren Wunsch nach einem Eigenheim im verwirklichen können Es stehen noch verschiedene Standorte zur Bebauung zur Verfügung. Die idyllische Landschaft wird geprägt von Stremme-Flüßchen, den beiden Kiesseen und einem Altarm des Plauder Kanals, der ein Paradies für Bootsfreund und Angler ist. An den Gewässern haben nicht nur Enten, Rallen und Schwäne ihren Lebensraum, auch der selten gewordene Reiher und der Eisvogel sind hier zu beobachten

Nadel- und Mischwälder bestimmen die Landschaft um das Dorf. Radwanderwege Führen unter anderem nach Zabakuck, über Altenklische nach Havemark (Hügelgräber) oder am Kanal entlang nach Dunkelforth.

Elbe-Havel-Kanal in Genthin

Der Autor

Genthin Rathaus 2014
Foto: R.B.

Amor und Psyche aus dem Gedicht:

"Zwei Schwäne"

Impressum

"Die Rose und Gedanken"
Copyright by
Reinhard Blohm
Herstellung und Verlag:
BoD – Books on Demand,
Norderstedt
ISBN: 978-3-7543-0385-6
Deutschland
(BRD)
2021

Notiz/Widmung für